CATALOGUE

de plus de 20,000

ESTAMPES

PORTRAITS

VIGNETTES, ILLUSTRATIONS

ANCIENNES & MODERNES

Cochin, Gravelot, Marillier, Moreau le Jeune & autres,

LITHOGRAPHIES

Bellangé, Charlet, Monnier, Raffet, Vernet,

DONT LA VENTE AURA LIEU

HOTEL DES COMMISSAIRES-PRISEURS

RUE DROUOT, 5

SALLE N° 7, AU PREMIER ÉTAGE

LES MARDI 28 ET MERCREDI 29 MAI 1867

A UNE HEURE PRÉCISE

Mᵉ **LAFONTAINE**, Commissaire-Priseur,
rue de Paradis-Poissonnière, 53,
Assisté de **M. VIGNÈRES**, Marchand d'Estampes,
rue de la Monnaie, 13, à l'entresol, entrée rue Baillet, 1,
CHEZ LEQUEL SE DISTRIBUE LE PRÉSENT CATALOGUE.

PARIS — 1867

ORDRE DES VACATIONS

L'Ordre du Catalogue sera suivi.

Les Lots pourront être divisés à la volonté du
Vendeur.

CONDITIONS DE LA VENTE

Au comptant.

Les Acquéreurs paieront CINQ POUR CENT en sus des
enchères applicables aux frais.

M. VIGNÈRES, dirigeant la vente, se charge des Commissions.

NOTA. Toute commission sans prix fixé ou sans limite dé-
terminée sera regardée comme nulle.

M. VIGNÈRES se charge de faire marquer les prix aux Catalogues des ventes qu'il a faites. Les personnes qui le désirent
peuvent s'adresser à lui *franco*.

Plusieurs Amateurs éloignés en ont reconnu l'utilité pour
les guider dans leurs achats sur les valeurs des Estampes.

Les Catalogues des Ventes à faire sont envoyés aux personnes
qui en feront la demande *affranchie*.

AVIS. — Nous prions MM. les Amateurs éloignés de ne pas
attendre au dernier jour, pour que les lettres arrivent le matin de la vente; ils comprendront que quelques lettres peuvent
se lire, mais de 20 à 50 lettres, c'est difficile.

DÉSIGNATION

1 **Allais**. Phrosine et Mélidore, avant la lettre, chine; — avec la lettre. — Le Sommeil, d'ap. Titien. 3 p. gracieuses, in-fol.

2 **Aubry**. Esquisses de l'armée française. 14 p.

3 **Audibran**. Vignettes diverses. Ep. d'artistes avant la lettre sur chine, grand papier, avec dédicaces signées par lui. 16 p.

4 Vignettes. Ep. d'artistes avant la lettre, grand papier, avec dédicaces signées : Andrews, Doherty, Tavernier, Vallot. 11 p.

5 **Bar** (Ch.). Chevalier du Lys, homme d'armes, porte-enseigne et autres costumes coloriés. 11 p.

6 **Baudoin** (d'ap.). Le Matin, le Midi, le Soir, la Nuit. 4 p. par de Ghendt, sans marges, montées, prêtes à être encadrées.

7 **Bellangé**. Batailles, depuis Jemmapes jusqu'au Camp de Boulogne. 12 p. in-fol. sur chine, marge.

8 — Costumes militaires en noir. 15 p.

9 — Sujets divers, scènes militaires, sur papier de couleur, sur chine et sur blanc; plusieurs grand in-fol. 79 p. par et d'après.

10 **Bervic**. Sénac de Meilhan, intendant du Hainault, in-fol., d'ap. Duplessis.

11 **Binet**. Vignettes pour divers ouvrages, costumes de femmes. xviiie siècle. 63 p. rognées.

12 **Blanchard**. Murillo, peintre, in-fol. sur chine.

13 **Boilly** (d'ap.). Honni soit qui mal y pense, in-fol. par Bonnefoy, marge.

14 **Bonnington** (d'ap.). L'Antiquaire, le Page, avant la lettre; le Billet doux, la Fille malade. 4 p. par Reynolds.

15 **Boydell** et autres. Vues anglaises et paysages. 11 p.

16 **Callot**. Nouveau Testament, mendiants, combats, et autres. 34 p. par et d'après.

17 **Caricatures**. M. Léonardinet, Sermon de village, la Politicomanie, et autres tirées du journal *la Caricature*, par Granville et autres. noir et couleur. 130 p. Sera divisé.

18 Cérémonies du couronnement de Nicolas Ier et de l'impératrice Alexandra. 14 p. lithog. grand in-fol. et 10 feuilles de texte.

19 **Charlet**. Le Magister de notre village (Lacombe, 354). Ép. sur chine, 1er état, rare avec *sans caractère*.

20 — Comme flûte, je suis avant Tulou (345. R.). Rare.

21 — Fidèle y court, et l'aveugle. (501. RRR.). Très-rare et pendant, l'Ivrogne (502). 2 p.

22 — Le Rentier bien pensant à 5. (586 R). Rare.

23 — Charlet, son portrait par lui-même et autres. 3 différents.

24 — Croquis à la plume, études à la manière noire. 26 p., plusieurs sur chine.

25 — Garde impériale, noir et couleur. 43 p.

26 — Sujets militaires divers, ép. sur chine et autres, grand papier. 32 p.

27 — Fantaisies, Napoléon, 1805, et autres pièces à claire-voie. 52 p.

28 — Sujets . divers, albums, sujets militaires, drolatiques, etc. 202 p., sera divisé.

29 — Sujets à la manière noire : J'ris-ti. — Un Mécène. — Un infâme, etc. 13 p.

30 — Suite de dessins à la plume pour l'École Polytechnique. 32 p.

31 — Napoléon à cheval, siége de Saint-Jean-d'Acre (107. Rare). Réjouissances publiques (293), Premier et second coup de feu, l'Insubordination. 18 p. in-fol.

32 — (d'après). Napoléon, par Reynolds avant la lettre. Un brave, etc. 5 p. in-fol.

33 **Cochin.** Décoration de la salle de spectacle. — et du bal paré, en 1745. — Sacre de Louis XVI, à Reims. 3 p. grand in-fol.

34 **Cochin** (par et d'après). Roland furieux, les Rois de France, Télémaque, Rousseau, Tasse, Voltaire, etc. 287 p. in-8.

35 **David.** Histoire de France représentée par des figures. 85 p. in-8, vignettes anciennes.

36 **David** (Jules). Sujets de fantaisie. 56 p. lithog.

37 **Debucourt.** Entrevue de L. L. M. M. l'Empereur des Français et l'Empereur de Russie sur le Niémen, d'ap. Horace Vernet, grand in-fol.

38 **Descourtis.** Foire de village. — Noce de village. 2 petites pièces in-8, d'ap. Taunay. Rares, très-belles.

39 **Desnoyez**. Napoléon le Grand, d'ap. Gérard, en pied, en manteau impérial, grand in-fol.

40 **Deveria** (d'ap.). Jeanne d'Arc. 2 sujets histori- ques par P. Adam, petit in-fol.

41 **Diaz**. Intérieur de Harem, in-fol.; Lecture du roman, et autres. 7 p., différents formats.

42 **Divers**. Piron à Auteuil, avant toute lettre. — Le roi de Rome dormant, grand in-fol. d'ap. Prudhon. — Sainte Genevieve. — La Déclara- tion, Nature, etc. 13 p.

43 **Duplessis - Bertaux**, Prieur et autres. Tableaux de la Révolution, batailles, etc. 178 p. avant la lettre, et avec la lettre. Sera divisé.

44 — Eaux-fortes de batailles, sujets militaires. 53 p., divers formats.

45 — Recueil de 100 sujets de divers genres en 8 livraisons et texte.

46 — Frises des tableaux de la Révolution. 60 p. — Costumes militaires. 28 p. Sujets militaires, batailles, mois de l'année, métiers, etc., etc. 244 p. Sera divisé.

47 **Eaux-fortes** par Charles-Jacques, Marvy. 31 p.

48 — Anciennes et modernes, Flameng, Norblin et autres. 92 p.

49 **École Française**. Enlèvement d'Europe, d'ap. Boucher et diverses autres pièces. 30 p.

50 **École du XVIIIe siècle**. Le Lever et Coucher de la mariée de Queverdo, l'Armoire d'ap. Fragonard, et autres d'ap. Borel, etc. 9 p. gracieuses.

51 — The joyous moment, la Chambrière instruite
et pendants. 4 p. in-4.

52 **Eisen**. Métamorphoses d'Ovide, avec Gravelot,
Monnet, Boucher, Moreau, etc. 62 p.

53 — Poème de Voltaire et pour divers ouvrages.
253 p.

54 **Fragonard** (d'ap.). Contes de Lafontaine,
in-4, dont un eau-forte pure. 6 p.

55 **François**. Louis Blanc, d'ap. Mercuri.
Superbe ép. avant la lettre.

56 **Freudeberg** (d'ap.). Le petit Jour, sans
marge, monté pour être encadré.

57 **Galerie Aguado**. Ecce homo. — Sainte
Catherine. — Sainte Juste. 3 p.

58 **Gavarni**. Sujets divers par et d'après. 33 p.

59 **Geille**. Lafayette, général, in-fol. avant la
lettre. Superbe ép. sur chine.

60 **Géricault**. Passage du mont Saint-Bernard.
— Mort de Géricault, par Maurin, d'ap.
Scheffer. Cavaliers arabes, 5 p. par et d'après.

61 **Girardet**. Vignettes en forme de frises, d'après
Percier. 12 p., très-belles ép.

62 **Girodet** (d'ap.). Ariadne. — Dais. — Egine.
3 femmes couchées gracieuses, par Rulhierre.
Ep. sur chine.

63 **Godefroy**. La Bataille d'Austerlitz, grand in-
fol. d'ap. Gérard.

64 **Gravelot**. Almanach iconologique, allégories
avant et avec la lettre. 220 p. et texte.

65 — Jérusalem délivrée, Henriade, Théâtre, etc.
45 p. in-4. — Nouvelle Héloïse, Théâtre de
Racine, de Voltaire, etc. 438 p. avec marge et
rognée.

66 **Hopwood**. Victoria Iᵉʳ. — Prince Albert. —
Aberdeen. — 3 portraits en pieds, petit in-fol.

67 **Johannot** (les). Eaux-fortes. Les Confidences,
por Lamartine. 5 p. — Werther de Gœthe, etc.
En tout 25 p. sur chine avant la lettre, dont 3 sur
blanc.

68 — Fenimore Cooper. 30 p. sur chine avant la
lettre, grand papier, dont 2 avec la lettre.

69 — Sujets divers à l'eau-forte. 40 p.

70 — (D'après). Tom Jones. 6 p. chine, grand
papier. — Le Vicaire de Vakefield. 10 p. sur
chine. En tout 16 p.

71 — Le Paradis perdu, Jocelyn et autres illustrations. 90 p. chine et blanc.

72 — Sujets divers avant la lettre, chine et blanc.
23 p.

73 **Konig**. Derniers moments de la Dauphine,
d'ap. Beaume. Superbe ép. d'artiste sur chine,
grand in-fol., toute marge.

74 **Langlois** (d'ap.). Voyage pittoresque et militaire en Espagne. 40 lithog. in-fol. sur chine et
texte.

75 **Laugier**. La baronne de Staël Holstein, in-
fol.

76 — Pygmalion, d'ap. Girodet, sur chine.

77 **Le Barbier** (d'ap.). Rousseau et autres. 60 p.

78 **Lefevre**. Le général Foy, d'ap. H. Vernet, in-fol. Superbe ép. chine avant la lettre.

79 **Lefèvre** (d'ap.). Don Quichotte, Zelomir, etc. 73 p. — D'ap. Regnault, 11 p. — Rousseau, 14. — D'ap. Brion de la Tour, 17. En tout 115 p.

80 **Leroux**. Léda, d'ap. Léonard de Vinci. Superbe ép. avant la lettre, toute marge.

81 **Le Prince** (d'ap.). L'Amour à l'Espagnole. Charmante composition par Saint-Aubin et Pruneau.

82 **Lignon**. Talma, d'ap. Picot. — Louis, grand duc de Bade, sur chine. 2 p. avant la lettre. Superbes ép.

83 **Lithographies**. Rentrée de la Procession, d'ap. Roqueplan; le Baptème, le Mariage, la voilà prise, Partie de chats et autres. 16 p. in-fol.

84 — Sujets divers, par Devéria et autres, vues, etc. 23 p.

85 — Diverses. Devéria, Grenier, Madou et autres. 235 p. 3 lots.

86 Sujets militaires, 30. — Costumes militaires coloriés. En tout 60 p.

87 **Louis** (Aristide). Henriquel Dupont. Superbe ép. in-4, sur chine.

88 **Lucas**. Pandemonium, le Déluge, Arène à Séville, la Plaie des Ténèbres et autres. 11 p., plusieurs avant la lettre.

89 **Luderitz.** Saint-Michel, d'ap. Raphaël, sur chine.

90 **Manière noire**. Convoi du Pauvre, Russie 1812, Leicester, Le Médecin bienfaisant, Ivanhoé et autres. 10 p. in-fol.

91 — La Fiancée, Message d'amour, Anne de Boulen, Zuleika, le Négligé et autres. 10 p.

92 **Manière noire**. Vignettes et autres, grand papier, avant et avec la lettre. 25 p.

93 **Marillier** (d'ap.). L'Illiade avec le portrait d'Homère. 43 p. Sup. ép. avant la lettre, grand papier.

94 — Clarisse Harlove, Gessner, Joseph, Mort d'Abel, etc. 208 p.

95 — La Genèse. 106 p.

96 — Voyages imaginaires. 214 p.

97 **Mercuri**. Christophe Colomb. Superbe ép. avant la lettre, sur chine, toute marge.

98 — La Tasse. Très-petit portrait.

99 **Monnet** et Monsiau. Gessner et autres. 71 p.

100 **Monnier** (Henri). Illustrations pour les chansons de Béranger. 34 p. in-8, coloriées, dont des doubles.

101 — Mœurs administratives, récréation, etc. 20 p. la plupart coloriées.

102 — Grisettes, Quartiers de Paris, Esquisses parisiennes. 20 p., plusieurs en couleur.

103 — Les petites Félicités humaines, les petites Misères, Jadis, Aujourd'hui.

104 — Galerie théâtrale, 20 p. en noir.

105 — Répertoire du Théâtre de Madame, Scènes de Londres, etc. 34 p., plusieurs coloriées.

106 **Moreau** le jeune (d'ap.). Ouverture des Etats généraux. — Constitution de l'Assemblée nationale, Fédération et autre. 3 p. in-fol.

107 **Moreau** le jeune (par et d'ap.). Henriade, Héloïse et Abeilard, Rousseau. 57 p. in-4.

108 — Théâtre de Voltaire, etc. Poëme. 220 p.

109 — Mort d'Abel, Racine, les Grâces, Henriade, Evangiles, Paul et Virginie, Rousseau, Jehan de Saintré, Vert-Vert, Idylles, Lutrin. Environ 500 p. Sera divisé.

110 **Muller**. Laffitte, d'ap. Scheffer, in-fol. chine.

111 **Ozanne** (d'ap.). Les Ports de France, gravés par Le Gouaz. 62 p. petit in-fol., toute marge.

112 **Pièces en couleur**. Plaisirs de la Solitude et autres. 5 p.

113 **Ponce**. Les illustres Français, d'ap. Marillier. 54 p. avec titre et table.

114 **Portraits** in-fol. Lamartine et autres gravés et lithog. 24 p. 2 lots.

115 — Tirés de la Galerie Cardinal. 22 p.

116 — De Ficquet et autres anciens, etc. 27 p.

117 — Famille de Bourbon et d'Orléans. 54 p. de différents formats.

118 — Famille de Napoléon et portraits différents en buste, à pied, à cheval, scènes historiques. 184 p. Sera divisé.

119 Portraits des généraux et députés de la Révolution, de l'Empire, et autres célébrités, la plupart publiés par Furne. Epreuves avant la lettre, grand papier. 100 p. Sera divisé.

120 Portraits de députés et généraux de la Révolution et de l'Empire. 300 p. Sera divisé.

121 Portraits divers, rois de France, littérateurs français et étrangers, la plupart Furne, 900 p. Sera divisé.

122 Portraits avant la lettre, chine et blanc, grand papier. 30 p.

123 Portraits de femmes célèbres. 164 p. Sera divisé.

124 Portraits en pieds tirés des galeries de Versailles. de Furne. 160 p. Sera divisé.

125 Portraits tirés des tableaux de la Révolution. 69 p. in-fol.

126 Portraits divers, galerie de Versailles. Furne et autres. 325 p. Sera divisé.

127 Portraits anglais. 108 p. in-8.

128 — Anglais de femmes, beautés. 174 p. Sera divisé.

129 Plutarque François. 120 p. en pied sur chine.

130 Portraits en pieds in-8 et in-4. 60 p.

131 **Raffet**. Siége de Rome. 17 p. Très-belles ép. sur chine, in-fol.

132 — Sujets militaires divers. 39 p. in-4.

133 — Costumes militaires, d'après lui. 25 p.

134 **Raffet** (d'ap.). Illustration de Paul de Kock. 74 p. avant et avec la lettre, chine et blanc. in-8.

135 — Histoire de la Révolution. 48 p. sur chine.

136 — Révolution et Empire. 67 p., chine et blanc.

137 — Histoire de Napoléon. 55 p. in-8.

138 — Restauration, 1830, Règne de Louis-Philippe. 46 p.

139 — Histoire de France, diverses suites. 73 p.

140 **Rioult** (d'ap.). Le Canard et autres sujets gracieux. — Nymphe Salmacis. — Le Songe. 3 p.

141 **Saint-Aubin** et autres. Portraits et Sujets. 53 p.

142 **Saint-Aubin** (d'ap.). Mes Gens ou les Commissionnaires. 7 p.

143 **Sergent** et autres. Pièces historiques en couleur. 5 p. in-4.

144 **Sujets gracieux.** Hébé. Psyché et l'Amour, Érigone, Ève, Diane au bain, etc.

145 — Vénus et les Grâces, Jupiter et Antiope, Suzanne. 3 pièces coloriées.

146 — Baigneuses, Vénus, Pygmalion, Pâris et Hélène, Paradis perdu, etc. 100 p. Sera divisé.

147 **Sujets historiques.** Tirés des galeries de Versailles et autres. 16 p. in-fol.

148 **Tavernier.** Victoria, reine d'Angleterre, en pied, petit in-fol., ép. d'artiste, chine, d'ap. Sandos. Superbe ép.

149 **Titres** de Byron, Chateaubriand, Cooper, Walter Scott, etc., divers formats. 114 p.

150 **Travies.** Les Contrastes. 21 p. coloriées.

151 **Weber.** Jules Romain, Murillo. 2 ép. in-4. Superbes ép. sur chine.

152 **Vernet** (Carle). Chevaux, Cavaliers. Costumes militaires. 23 p. par et d'après.

153 **Vernet** (Horace). Portraits de Chauvelin, Maurocordato, madame Pérégaux, Foy, Pie VII. 6 p. lithog.

154 — Sujets de la Henriade, sur chine. 9 p.

155 — Sujets de Chasse. 12 p. lithog.

156 — Sujets d'Histoire, divers. 30 p.

157 — Sujets divers, sur papier de couleur, la plupart rehaussés de blanc et montés en dessins. 36 p.

158 — Grenadier blessé, 1817, Partisan volontaire, Gérard à Kowno et sujets militaires. 50 p.

159 — A la Grâce de Dieu, Retour de Syrie, Histoire de Grivet en 5 p., Bivouac français, Blessés attaqués par des Cosaques, Massacre des Mamelucks, Mort de Poniatowski, et autres d'après lui. 18 p. in-fol.

160 — (d'après). Sujets militaires. 13 p.

161 **Vernet** (d'ap. Horace). Le Radeau, 1807, Entrevue de Napoléon et Alexandre sur le Niemen, grand in-fol., manière noire, par Debucourt.

162 **Vignettes** historiques d'ap. Cabasson, 17, — d'ap. Castelli, 7. — 24 p.

163 — Histoire ancienne, d'ap. Jules David. 35 p.

164 — d'ap. Desenne, Sujets divers, 70 p. avant et avec la lettre, chine et blanc.

165 — d'ap. Devéria pour divers ouvrages, 60 p. avant et avec la lettre, chine et blanc.

166 — Girardet, Illustrations pour Louis XIII et Richelieu, René d'Anjou et autres. 44 p., la plupart sur chine.

167 — d'ap. Eugène Lami, Un Été à Paris. 12 p.

168 — d'ap. Le Brun, Lesueur, Saint-Bruno, 20 p.

169 — d'ap. Prudhon, Hersent, etc., Daphnis et Chloé, et autres.

170 — Pauquet, Martinet, eaux-fortes, etc. 30 p.

171 — d'ap. Phélippotaux, 18. — Rogier, 51. — Staal, 4. En tout 73 p.

172 — d'ap. Nap. Thomas. Gilblas, les Deux Fous, etc., 48 p., la plupart sur chine.

173 **Vignettes** diverses modernes. Avant la lettre, grand papier chine et blanc. 50 p.

174 **Illustrations** pour Balzac. La Peau de Chagrin. 69 p. in-8.

175 — Anacharsis de Barthélemy, 4 p. sur chine, — pour Beaumarchais, 14. En tout 18 p.

176 — Atlas pour l'histoire du duc de Bourgogne. 115 p. in-8. Gravées sur bois, ép. sur chine.

177 — Pour Béranger, 101 p. in-8, avec le portrait par Hopwood. Ép. avec la lettre sur blanc.

178 — Béranger, 95 p. sur chine avant la lettre, marges petites et grandes.

179 — Béranger. Ép. rognées et collées, plusieurs à la feuille. 103 p.

180 — Béranger. Ép. chine avec la lettre, blanc de divers formats et diverses suites. 112 p.

181 — Bernardin de Saint-Pierre, Paul et Virginie, la Chaumière indienne, Portraits, etc. 39 p.

182 — Boileau, le Lutrin, 12 p.

183 — Buffon, 156 p. in-8 sur chine.

184 — Lord Byron, Portraits de Femmes et Sujets d'ap. Johannot, etc. 23 p.

185 — Cervantès, Don Quichotte. 44 p. de diverses suites.

186 **Illustrations**. OEuvres de Chateaubriand. 132 p. in-8.

187 — Chateaubriand, doubles. 54 p.

188 — Cooper (Fénimore). OEuvres de. 80 p.

189 — Cooper, par Johannot et autres. 84 p.

190 — Corneille, dont 2 portraits. 16 p.

191 — Casimir Delavigne. OEuvres. 51 pièces.

192 — Delille, d'ap. Johannot, chine et blanc. 50 p.

193 — Goëthe de Johannot. Ép. sur chine avant la lettre, grand papier. 13 p.

194 — Victor Hugo, Notre-Dame-de-Paris, par Célestin Nanteuil, Johannot et autres. 204 p. de diverses suites, chine, blanc, avant et avec la lettre. Sera divisé.

195 — La Fontaine. Contes, d'ap. Desrais. 25 p.

196 — Contes et Fables d'ap. Johannot et Moreau, etc. 42 p.

197 — Contes d'ap. Eisen, avec son portrait par Ficquet. 107 p.

198 — Lamartine, d'ap. Johannot, etc. 82 p.

199 — Lesage, pour Gil Blas. 64 p.

200 — Millevoie, d'ap. Desenne, Devéria, Johannot. Ép. sur chine, etc. 15 p.

201 — Molière, Portrait et Vignettes. 100 p. chine et blanc.

202 — Racine, d'ap. divers, 38 p. in-8. — 34 p. in-4, sans marge.

203 — Regnard, 11 p. sur chine.

204 — J.-J. Rousseau, d'ap. Devéria, Johannot, 178 p., diverses suites. Sera divisé.

205 — Georges Sand. Beautés, son Portrait. 31 p.

206 — OEuvres de Scribe. 306 p. in-8.

207 **Illustrations**. Walter Scott. Petites Vignettes par Tony Johannot, 53 feuilles à 2 sujets sur chine avec le portrait avant la lettre. Superbes ép.

208 — Walter Scott. Titres divers. 69 p.

209 — Beautés, Portraits de Femmes. 58 p.

210 — Œuvres et Portraits. 221 p. Sera divisé.

211 — Illustration pour le poëme de Voltaire avec le portrait de Jeanne-d'Arc, par Gaucher. 22 p. in-4. Bel exemplaire. grande marge.

212 — Œuvres de Voltaire, d'ap. Desenne, sur chine. 84 p. en livraisons.

213 — Œuvres, d'ap. Desenne. 80 p.

214 — d'ap. Desenne, Moreau, etc. 139 p.

215 — Conquestes de l'Algérie, Vues et Batailles, 53. — Crimée, 4. — 57 p.

216 — Histoire Asiatique, Mille et Une Nuits, 70 p.

217 — Histoire d'Angleterre, 55 p.

218 — Bretagne et Vendée. 60 p.

219 — Histoire de France anc. et mod. 80 p.

220 — Histoire ancienne, Grèce, Rome, Italie, Venise. 176 p. Sera divisé.

221 — Histoire de la Marine, Ports de France, Marines, etc. 75 p.

222 — France militaire. 62 p.

223 — Histoire des Papes. 56 p.

224 — Tribunaux secrets, Assassinats, Exécutions, etc. 56 p.

225 — Monte-Christo: 29 p.

226 — Paul Féval et autres. 20 p. sur chine, avant la lettre. Très-grand in-8, grand papier.

227 — Histoire de France, tirée des galeries de Versailles, de Furne. etc. 140 p.

228 **Illustrations**. Pièces historiques, Révolution, Empire, Batailles, 1830, etc. 75 p. in-fol. et in-8, grand papier, avant la lettre.

229 — Histoire de la Révolution, Cartes a jouer, Bannières, Médailles, etc., Empire, et autres sur bois. 70 p.

230 — Révolution et Empire, de Couché, sur chine avant la lettre, Trophées, Campagne d'Espagne, 1823, sur chine. 60 p.

231 — Révolution et Empire, de Couché, avec la lettre et eaux-fortes. 140 p.

232 — Révolution et Empire, d'ap. Johannot et Ary Scheffer. Ép. sur chine, avant et avec la lettre, grand papier. 88 p.

233 — Révolution et Empire, d'ap. Johannot et Ary Scheffer. Sur chine et sur blanc, avant et avec la lette. 100 p.

234 -- Révolution et Empire, de Furne et autres, d'ap. Bellangé, Johannot. Raffet, Scheffer, etc. 290 p. 3 lots.

235 — Révolution et Empire, de suites diverses. Ép. grand papier, avant et avec la lettre, chine et blanc.

236 Histoire de Napoléon. de Norvins, portraits et vignettes. 40 p.

237 Histoire de Napoléon, de Chambure. 58 p.. ép. chine et blanc, avant et avec la lettre.

238 Histoire de Napoléon de Furne et autres. 130 p.

239 Consulat et Empire, de Thiers, portraits, 22. — Vignettes, 53. En tout 75, petit format.

240 Le même, gr. pap., 21 portraits, 40 sujets. 61 p.

241 Empire, Restauration, 1830, 1848, etc. 132 p.
242 Illustration pour la Bible et vie de Jésus-Christ,
   de Furne, 32 vignettes d'après les grands
   maîtres. Épreuves sur chine avant la lettre,
   grand papier.
243 — Les mêmes avant et avec la lettre sur chine
   et sur blanc. 18 p.
244 Chansons populaires de la France, pour Désau-
   giers, et autres. 83 p.
245 **Vignettes anglaises**. Illustrations d'ap.
   Westal pour Goldsmith, W. Cooper, W. Falco-
   ner, etc. 63 p.
246 — To Moores Irish Mélodies. 7 p. sur chine,
   lettres grises, grand in-8, complet.
247 — Sujets divers tirés de Keepsakes, etc. 500 p.
   Sera divisé.
248 — Vues, marines, paysages. 164 p.
249 — Épreuves avec la lettre sur chine, grand
   papier, 60 p.
250 — Epr. avant la lettre sur chine, gr. pap. 40 p.
251 **Vignettes anciennes**, d'ap. Borel, Boucher,
   Caresme, De Sève, Desrais et autres. 363 p.
252 Vignettes détachées de différents ouvrages,
   d'ap. divers dessinateurs. 1,050 p. Formera
   plusieurs lots.
253 Bas-reliefs, camées, pierres gravées, cartes, 70 p.
254 Costumes de divers pays: France, Chine, Japon,
   Perse, Siam, vues, etc., coloriés. 107 p.
255 Ecus d'armes. 58 feuilles, la plupart contenant
   16 écus ; les armes des Villes de France. 17 p.
   à 12 à la feuille en chromolith. 75 p.

256 Médailles du règne de Louis XV. 54 p., toute marge.

257 Fastes de la nation française. 190 p. 2 lots.

258 Pièces tirées du journal *l'Artiste*. 50 p.

259 Lithographies tirées de *l'Artiste*. 50 p.

260 Sujets religieux, Discours sur l'histoire universelle, Femmes de la Bible, Saints, Saintes, Histoire Sainte, sujets anciens et modernes Johannot et autres, tirés de la Bible de Furne. 440 p. Sera divisé.

261 Sujets anciens et modernes, vignettes. 104 p.

262 Vues de Paris, monuments. 181 p.

263 — De France, villes et châteaux. 172 p.

264 — De villes, divers pays. 320 p. Sera divisé.

265 — De villes étrangères. 171 p.

266 — Divers pays sur chine et grand papier. 32 p.

267 Vues et paysages divers. 75 p., divers formats.

268 Estampes anciennes diverses, vignettes, etc., etc. 167 p.

269 Cahier d'animaux et végétaux noir et couleur; la colonne Vendôme, et 10 Têtes d'Études, etc.

270 Atlas des principales Batailles de la République et du Consulat. 33 Cartes lithog. Coloriées.

271 Dessins anciens, diverses écoles. 44 p.

272 Portefeuilles et Cartons de la Collection.

Renou et Maulde, imprimeurs de la Compagnie des Commissaires-Priseurs, rue de Rivoli, 144.　　　3433